essentials

Essentials liefern aktuelles Wissen in konzentrierter Form. Die Essenz dessen, worauf es als „State-of-the-Art" in der gegenwärtigen Fachdiskussion oder in der Praxis ankommt. Essentials informieren schnell, unkompliziert und verständlich.

- als Einführung in ein aktuelles Thema aus Ihrem Fachgebiet
- als Einstieg in ein für Sie noch unbekanntes Themenfeld
- als Einblick, um zum Thema mitreden zu können.

Die Bücher in elektronischer und gedruckter Form bringen das Expertenwissen von Springer-Fachautoren kompakt zur Darstellung. Sie sind besonders für die Nutzung als eBook auf Tablet-PCs, eBook-Readern und Smartphones geeignet.

Essentials: Wissensbausteine aus Wirtschaft und Gesellschaft, Medizin, Psychologie und Gesundheitsberufen, Technik und Naturwissenschaften. Von renommierten Autoren der Verlagsmarken Springer Gabler, Springer VS, Springer Medizin, Springer Spektrum, Springer Vieweg und Springer Psychologie.

Annette Jünemann • Julia Simon

Der Arabische Frühling

Eine Analyse der Determinanten europäischer Mittelmeerpolitik

Prof. Dr. Annette Jünemann
Julia Simon, M.A.

Institut für Internationale Politik
Helmut-Schmidt-Universität/Universität
der Bundeswehr Hamburg
Hamburg
Deutschland

Dieser Beitrag war ursprünglich Teil des Buches „Der Arabische Frühling – Hintergründe und Analysen", herausgegeben von Thorsten Gerald Schneiders, Wiesbaden 2013, und wurde überarbeitet.

ISSN 2197-6708
ISBN 978-3-658-07019-9
DOI 10.1007/978-3-658-07020-5

ISSN 2197-6716 (electronic)
ISBN 978-3-658-07020-5 (eBook)

Springer VS

Die Deutsche Nationalbibliothek verzeichnet diese Publikation in der Deutschen Nationalbibliografie; detaillierte bibliografische Daten sind im Internet über http://dnb.d-nb.de abrufbar.

Gedruckt auf säurefreiem und chlorfrei gebleichtem Papier

Springer VS ist eine Marke von Springer DE. Springer DE ist Teil der Fachverlagsgruppe Springer Science+Business Media
www.springer-vs.de

Was Sie in diesem Essential finden können

- Erläuterung der Entwicklung der EU-Mittelmeerpolitik sowie deren Hintergründe im integrationspolitischen Kontext
- Analyse des Politikansatzes der Europäischen Union gegenüber dem südlichen Mittelmeerraum vor und nach dem Beginn des Arabischen Frühlings
- Betrachtung der Entwicklung der EU-Politik, ihrer Determinanten und Leitmotive als Lernprozess unter Nutzung des Logics of Action-Ansatzes

Vorwort

Europa ist von den Entwicklungen in der arabischen Welt aufgrund der vielfältigen wirtschaftlichen, politischen und gesellschaftlichen Verflechtungen unmittelbar betroffen. Dieser Tatsache ist man sich auch in der Europäischen Union bewusst, die sich seit Jahrzehnten im Rahmen ihrer institutionalisierten Mittelmeerpolitik um gemeinsame Lösungen für die vielfältigen Probleme bemüht. Die EU-Mittelmeerpolitik orientiert sich an Werten und Normen, folgt aber auch und vor allem den eigenen Wirtschafts- und Sicherheitsinteressen, insbesondere denen ihrer südeuropäischen Mitgliedstaaten. Seit dem Arabischen Frühling steht die EU vor dem Scherbenhaufen dieser Politik, die weder den selbst gesetzten Normen gerecht wurde, noch die erwünschte Stabilität generieren konnte. Fraglich ist, ob – und wenn ja, dann welche – Lehren die EU aus ihrem Scheitern zieht.

Annette Jünemann publizierte eine erste Version dieser Studie als Beitrag zu einem Sonderheft, das die Zeitschrift „Die Friedenswarte" dem Thema ‚Aufstand und Revolution im Arabischen Raum' im Jahr 2012 widmete (2012, Heft 1). Die vorliegende überarbeitete Version basiert maßgeblich auf der aktuellen Forschung von Julia Simon.

Inhaltsverzeichnis

1 Einleitung

Wie immer der „Arabische Frühling" in der Zukunft auch im Detail bewertet werden mag, schon jetzt kann man von einer historischen Zäsur sprechen. Der Mut zur Auflehnung gegen die seit Jahrzehnten herrschenden Autokratien im südlichen Mittelmeerraum macht den Arabischen Frühling vergleichbar mit den Revolutionen im Osten Europas Ende der 1980er Jahre, auch wenn sein Ausgang noch ungewiss ist. Angefangen hatte es Ende 2010 mit friedlichen Demonstrationen in Tunesien in Reaktion auf die öffentliche Selbsttötung eines perspektivlosen und gedemütigten Gemüsehändlers, Mohamed Bouazizi (vgl. *faz.net*, 9. 1. 2011). Offensichtlich hatte er mit seiner Tat einen Nerv der Gesellschaft getroffen, denn unter dem Motto „Wir alle sind Mohamed Bouazizi" breiteten sich Massenproteste im ganzen Land aus und führten im Januar 2011 zum Sturz von Präsident Ben Ali. Der Funke sprang schnell über auf andere arabische Autokratien und entfachte dort ebenfalls Massenproteste, auch wenn der Kontext jeweils ein eigener war (Jünemann und Zorob 2013). Ägypten hat seit dieser Zeit eine besonders dynamische Entwicklung vollzogen. Zuerst wurde Präsident Mubarak nach Tagen eindrucksvoller Demonstrationen auf Kairos Tahrir-Platz am 11. Februar 2011 gestürzt und später vor Gericht gestellt. Da in der Folge insbesondere die den Muslimbrüdern nahestehende Freiheits- und Gerechtigkeitspartei die Wahlen zum Shura-Rat und der verfassungsgebenden Versammlung dominierte und der politisch ebenfalls dem islamistischen Lager angehörende Muhammad Mursi demokratisch ins Präsidentenamt gewählt worden war, wurde von säkularer und europäischer Seite eine zunehmende Islamisierung beziehungsweise Ikhwanisierung[1] des Staatsapparates

[1] Dieser Begriff bezieht sich auf die Ausweitung von Einfluss und Kontrolle der Muslimbruderschaft – ‚Ikhwan' auf Arabisch – in Ägypten.

A. Jünemann, J. Simon, *Der Arabische Frühling*, essentials,
DOI 10.1007/978-3-658-07020-5_1

befürchtet. Wenige Wochen nach der Absetzung und Inhaftierung Mursis durch das ägyptische Militär nach nur einem Jahr Amtszeit im Juli 2013 wurde sein Vorgänger Mubarak trotz laufender Verfahren aus der Haft in den Hausarrest entlassen. Von einigen Seiten wird diese Entwicklung als ‚Zweite Revolution' interpretiert (vgl. Gehlen 2013).

Auch in Tunesien, dem *avant-garde* Staat des Arabischen Frühlings, zeigt sich die starke Polarisierung der Gesellschaft um die Bedeutung von Religion in Staat, Gesetzgebung und Gesellschaft weiterhin sowohl in den politischen Debatten als auch in gewalttätigen Ausschreitungen. Nach der Ermordung von Oppositionspolitikern hat sich die Situation zugespitzt (vgl. Cody 2013; Markey 2013).[2]

Libyens Staatsoberhaupt Muammar al Gaddafi hingegen wurde am 20. Oktober 2011 von Rebellen getötet, nachdem er den von ihm entfachten Krieg gegen die Widerstandsbewegung und ihre westlichen Verbündeten verloren hatte.

Äußerst repressiv sind die Reaktionen des syrischen Regimes auf die Unruhen im eigenen Land, das mittlerweile in einen Bürgerkrieg abgeglitten ist, wohingegen die Monarchien in Marokko und Jordanien versuchen, sich mit einem Mix aus gemäßigter Repression, vorsichtiger Reform und großzügigen Geldgeschenken an der Macht zu halten. Die saudische Monarchie hat am meisten Ressourcen zur Verfügung, um sich nicht nur zu Hause Ruhe zu erkaufen, sondern auch in benachbarten Ländern. So unterstützte Saudi-Arabien unter anderem die militärische Niederschlagung der Aufstände in Bahrain.

Das Ende des arabischen Autokratismus ist also noch nicht besiegelt. Es ist auch kaum zu erwarten, dass sich alle im Umbruch befindlichen arabischen Staaten kurzfristig zu funktionierenden Demokratien wandeln. Selbst wenn einige der autoritären Regime noch eine Zeit lang weiter existieren, werden sie sich künftig stärker an den Bedürfnissen ihrer Bevölkerungen orientieren müssen (vgl. Asseburg 2011, S. 8).

Für die EU war der Ausbruch des Arabischen Frühlings eine große Blamage, denn sie wurde von den dramatischen Entwicklungen in ihrer unmittelbaren Nachbarschaft trotz enger bilateraler Bindungen überrascht. In der EU war man davon ausgegangen, dass die arabischen Autokratien extrem stabil seien; dass die einzigen relevanten Oppositionsgruppen radikale Islamisten seien; und dass es jenseits des islamistischen Spektrums keine handlungsfähigen Zivilgesellschaften gebe. Alle drei Annahmen haben sich als falsch erwiesen. Aufgrund ihrer verfehlten Annahmen hatte die EU bislang auf eine enge Kooperation mit den arabischen Autokraten gesetzt, die im harschen Kontrast zur proklamierten Förderung von Demokratie

[2] Im Februar beziehungsweise Juli 2013 wurden so beispielsweise die beiden Oppositionspolitiker Chokri Belaid und Mohamed Brahmi ermordet.

und Menschenrechten im südlichen Mittelmeerraum steht. Die Stabilisierung der herrschenden Regime galt als verlässlichere Strategie zur Durchsetzung europäischer Sicherheits- und Wirtschaftsinteressen als der steinige und vor allem unberechenbare Weg politischer Reformen. Vor diesem Hintergrund wird das Dilemma bei Ausbruch des Arabischen Frühlings einmal mehr deutlich: Kaum hatte die EU ihre proklamierten Demokratisierungsbemühungen in südlichen Mittelmeerregion mit der Union für das Mittelmeer (UfM) faktisch aufgegeben[3], erhob sich dort die Zivilgesellschaft und forderte Demokratie.

In Brüssel muss man sich spätestens jetzt eingestehen, dass man weder Demokratie noch Stabilität geschaffen hat, durch die geradezu ostentative EU-Demokratisierungsrhetorik jedoch eine enorme Glaubwürdigkeitslücke, die sich so schnell nicht wird schließen lassen. Der Arabische Frühling wirft somit ein grelles Licht sowohl auf das realpolitische als auch das normative Versagen der EU-Mittelmeerpolitik. Man hat sich ins politische Abseits manövriert und tut sich dementsprechend schwer, adäquat und kohärent auf den Arabischen Frühling zu reagieren.

Während die im Mittelmeerraum führenden südlichen EU-Mitgliedstaaten Frankreich, Spanien und Italien sich in ihren offiziellen Verlautbarungen sehr zurückhielten, reagierte das Europäische Parlament (EP) mit großer Empathie auf die Massenproteste des Arabischen Frühlings (vgl. 2011a, b). Auch der für die Nachbarschaftspolitik zuständige Kommissar Štefan Füle fand passende Worte der Anerkennung für die Protestbewegungen (vgl. 2011). Die Hohe Vertreterin der Europäischen Union für Außen- und Sicherheitspolitik, Lady Catherine Ashton, ließ sich hingegen nach anfänglichem Schweigen lediglich mit einigen blassen Statements vernehmen (vgl. 2011a, b). Man tut ihr nicht Unrecht, wenn man diese Statements als „too little too late" bezeichnet, zumal die EU-Mitgliedstaaten ihr wenig Spielraum für eigenständigere und aussagekräftigere Reaktionen ließen. Lady Ashton steht dem 2009 neu gegründeten Europäischen Auswärtigen Dienst (EAD) vor, der nach langem Kompetenzgezerre zwischen Kommission, Rat und Mitgliedstaaten erst Ende 2010 seine Arbeit aufgenommen hat. Auch nach Einführung des EAD pochen etliche Mitgliedstaaten auf den intergouvernementalen Charakter der EU-Außenbeziehungen. In der Mittelmeerpolitik wird diese Position besonders akzentuiert von Frankreich, Spanien und Italien vertreten. Alle drei befanden sich nach dem Ausbruch des Arabischen Frühling allerdings in einer misslichen Lage, hatte man doch die Hauptverantwortung für den engen Schulterschluss mit den autoritären Regimen zu tragen. Besonders schwer wog Frankreichs Fehleinschätzung der Situation in Tunesien. Frankreichs Außenministerin Michèle Alliot-Marie

[3] Der Trend zur Entpolitisierung manifestierte sich im depolitisierten, funktionalen Kooperationsmodell der Union für den Mittelmeerraum (UfM), siehe unten.

hatte Ben Ali nach Ausbruch der pro-demokratischen Proteste Unterstützung bei der ‚Wiederherstellung der Ordnung' angeboten[4], als der schon längst seine Koffer für die Reise ins Exil packte. Diese Fehlentscheidung kostete Alliot-Marie ihren Posten, obwohl sie in der französischen Administration keine Ausnahme war. Präsident Sarkozy selbst, ebenso wie viele andere französische Politiker, unterhielt engste, zum Teil auch private Verbindungen zu den Autokraten Nordafrikas. Im historischen Augenblick der tunesischen Revolution befand er sich damit unverhofft auf der falschen Seite der Geschichte. Aus dieser misslichen Lage rettete sich Sarkozy, als der Arabische Frühling Libyen erreichte. Diesmal erkannte er die Zeichen der Zeit sofort und übertrumpfte die EU und alle anderen EU-Mitgliedstaaten, indem er für eine schnelle und schlagkräftige militärische Reaktion optierte und als erster den libyschen Übergangsrat als legitime Vertretung Libyens anerkannte[5]: Am 10. März 2011 teilte das Präsidialamt in Paris mit, man werde einen Botschafter nach Benghasi entsenden. Die unmittelbare und eindeutige Positionierung auf Seiten der libyschen Rebellen ließ die französische Blamage im Falle Tunesiens schnell in Vergessenheit geraten, obwohl die libyschen Rebellen kaum bekannt und angesichts der zahlreichen Überläufer aus dem Gaddafi-Regime auch nur bedingt als Demokratisierer zu kategorisieren sind (kritisch zur Libyenintervention vgl. Pradetto 2011). Nun befand sich nach Meinung etlicher Kritiker Deutschland plötzlich auf der falschen Seite der Geschichte, dessen Regierung sich geweigert hatte, der Koalition der Willigen beizutreten, mit der die UN-Resolution 1973 zum Schutz der libyschen Zivilbevölkerung militärisch umgesetzt werden sollte.[6]

Die EU als Ganzes blieb in der Libyenkrise praktisch außen vor. Obwohl sich diese Krise geradezu anbot, um das Funktionieren der Gemeinsamen Sicherheits- und Verteidigungspolitik (GSVP) unter Beweis zu stellen, konnten sich die EU-Mitgliedstaaten – wie so oft – auf keine gemeinsame Linie einigen; bei der Entscheidung für eine militärische Intervention in Libyen ignorierte die Regierung in Paris die institutionalisierten Entscheidungsprozesse der GSVP und setzte von An-

[4] Vgl. Assemblée nationale XIIIe legislature: Session ordinaire de 2010–2011, Première séance du mardi 11 janvier 2011, abrufbar unter: http://www.assemblee-nationale.fr/13/cri/2010-2011/20110091.asp#INTER_5 (letzter Zugriff: 19.04.2013).

[5] Vgl. Reuters (2011).

[6] Am 17. März 2011 nahm der UN-Sicherheitsrat die Resolution 1973 an, in der er unter Bezug auf Artikel VII der UN-Charta Mitgliedstaaten ermächtigte, alle nötigen Maßnahmen zum Schutz der libyschen Zivilbevölkerung zu ergreifen. Am 19. März begannen die USA, Großbritannien und Frankreich im Rahmen der NATO mit Luftangriffen auf Libyen. Weitere EU-Staaten, die sich am Militäreinsatz beteiligten, waren Dänemark, Spanien, Belgien, die Niederlande, Griechenland, Schweden und Italien. Der Einsatz endete am 31. Oktober 2011, nach der Tötung Gaddafis.

fang an auf eine Koalition der Willigen unter französischer Führung. Eine im April 2011 beschlossene militärische Operation zur Unterstützung humanitärer Ziele in Libyen (EUFOR Libya) kam nicht zum Einsatz, da die benötigte Anforderung seitens des United Nations Office for the Coordination of Humanitarian Affairs (OCHA) nie erfolgte (Council of the European Union 2011; zu EU im Libyenkonflikt vgl. auch Gottwald 2012). So bleibt festzuhalten, dass die EU als internationaler Akteur während des Arabischen Frühlings politisch und militärisch kaum in Erscheinung getreten ist. Abgesehen von Maßnahmen der humanitären Hilfe und des Grenzschutzes war die EU schlichtweg nicht sichtbar als sich in ihrer unmittelbaren Nachbarschaft ein politischer Umbruch von historischer Bedeutung vollzog (zu den zivilen und militärischen Maßnahmen der EU im humanitären Bereich vgl. ausführlich Koenig 2011). Innerhalb der Region wird zudem stark kritisiert, dass zivilgesellschaftliche (islamistische) Akteure wie insbesondere die Muslimbrüder, die in Ägypten 2011 und 2012 deutlich an Bedeutung gewonnen haben bevor eine Mitgliedschaft in der Organisation 2013 wieder kriminalisiert wurde, von ‚Europa' zuvor vollständig ignoriert worden waren.[7] Eine vertrauensvolle Kontakt- und Kooperationsaufnahme gestaltete sich für die europäischen Akteure infolgedessen entsprechen schwierig.

Diese etwas zugespitzte Zusammenfassung der europäischen Reaktionen unmittelbar nach Ausbruch des Arabischen Frühlings wirft mehrere Fragen auf. Zum einen die Frage nach den Faktoren, welche die EU-Mittelmeerpolitik determinieren und zur Erklärung für ihr Scheitern beitragen können. Aus der Analyse der Bestimmungsfaktoren folgt die weiterführende Frage, welche Lehren aus den Fehlern der Vergangenheit gezogen werden können. Lässt sich ein grundlegender Politikwechsel bereits erkennen? Der folgende Beitrag sucht Antworten auf diese Fragen und gliedert sich dabei in mehrere Teile. Ausgangspunkt der Analyse ist der *Logics of Action* (LoA)-Ansatz, demzufolge Akteure nicht unabhängig von ihrem sozialen Kontext agieren, sondern eingebettet in bestimmte *Handlungslogiken*, die wiederum von materiellen und ideellen Strukturen determiniert werden (für eine ausführliche Darlegung des Ansatzes vgl. Horst et al. 2013).[8] Da *Handlungslogiken*

[7] Diesbezüglich wurde seitens der ‚neuen Partner' an dieser Nichtbeachtung durch der EU stärkere Kritik geübt als an der Tatsache, dass sie von den USA als ‚Feinde' wahrgenommen worden seien, vgl. Interview im Europäischen Parlament in Straßburg am 13.03.2013.

[8] Der Ansatz geht auf ein Forscherteam an der Helmut-Schmidt-Universität Hamburg zurück, zu dem neben Annette Jünemann, Jakob Horst, Eva Maggi, Delf Rothe und Florian Kühn gehörten. Hinzugestoßen sind in einer späteren Phase Rachid Ouaissa, Ivesa Lübben und Kerstin Fritzsche von der Universität Marburg, Tina Zintl von der University of St. Andrews (Schottland) sowie Peter Seeberg von der Universität Odense (Dänemark). Ihnen allen gilt mein herzlicher Dank für ihre Mitwirkung an diesem Forschungsprojekt.

in Abhängigkeit der sich verändernden Strukturen ebenfalls veränderbar sind, integriert der LoA-Ansatz Theorien zur Analyse politischen Wandels, hier das Konzept des politischen Lernens (vgl. Levy 1994). In einem empirischen Abriss der EU-Mittelmeerpolitik wird erläutert, aufgrund welcher *Handlungslogiken* sich die EU von ihrem ursprünglichen Ziel, Demokratisierungsprozesse in der arabischen Welt zu unterstützen, *peu à peu* verabschiedet hat; eine Entwicklung, die als politischer Lernprozess konzeptionalisiert wird. Anschließend wird untersucht, ob bzw. inwieweit die *Handlungslogiken*, die zur Aufgabe der EU-Demokratisierungspolitik geführt haben, sich im Lichte des Arabischen Frühlings verändern. Dies wäre Voraussetzung für einen neuerlichen politischen Lernprozess, der entweder zurück zur EU-Demokratieförderung der 1990er Jahre führt oder aber grundsätzlich neue Wege der interregionalen Kooperation beschreitet. Diese letzte Frage soll abschließend erörtert werden. Dem Beitrag vorangestellt ist die These, dass mit einem neuerlichen Lernprozess nur bedingt zu rechnen ist, weil sich die *Handlungslogiken* der entscheidenden Akteure dem Arabischen Frühling zum Trotz nur bedingt ändern. Es ist eine sich häufig wiederholende Fehlannahme politischer Beobachter, dass historische Ereignisse „alles" ändern würden. Weder gab es nach dem Ende des Zweiten Weltkriegs noch nach dem Fall der Berliner Mauer eine „Stunde Null", und auch die terroristischen Anschläge vom 11. September 2011 haben nicht „alle" bisherigen Prämissen politischen Handelns außer Kraft gesetzt. Deshalb sollen in diesem Beitrag sowohl Persistenz als auch Wandel der Strukturen herausgearbeitet werden, die die *Handlungslogiken* in den euro-mediterranen Beziehungen nach dem Arabischen Frühling bestimmen. Eine wesentliche Determinante europäischen auswärtigen Handelns, die nichts mit den Ereignissen in der Region, aber viel mit dem Verlauf des Integrationsprozesses zu tun hat, ist der internationale Akteursstatus der Gemeinschaft. Allen mit dem Lissabonner Vertrag in Kraft getretenen Neuerungen zum Trotz befindet sich die EU als internationaler Akteur in einer Krise, die auch auf ihre Mittelmeerpolitik ausstrahlt.

2 Prämissen europäischer Mittelmeerpolitik vor dem Arabischen Frühling

Historische „Überraschungen“ haben ein hohes Potential, politische Lernprozesse auszulösen. Nicht nur in den Ländern selbst, sondern auch außerhalb. Der Arabische Frühling ist für die EU eine solche historische Überraschung, weil er für nahezu alle mit der Region vertrauten Politiker, Wissenschaftler und Geheimdienstler gleichermaßen unerwartet kam (vgl. auch Perthes 2011). Völlig unvorbereitet stand die EU von einem Moment auf den anderen vor dem Scherbenhaufen ihrer verfehlten Regionalpolitik. Eine ebenso simple wie klare politische Lehre, die sich daraus ziehen ließe, könnte sein: Kollaboration mit Diktatoren zum Erhalt von Stabilität und Sicherheit zahlt sich nicht aus. Das wäre allerdings keine wirklich neue Erkenntnis, denn darauf basierte bereits ein regionalpolitischer Ansatz, den die EU Mitte der 1990er Jahre zur Gestaltung ihrer Beziehungen zum südlichen Mittelmeerraum entwickelt hatte. Zu dieser Zeit gründete die EU-Mittelmeerpolitik auf der Überzeugung, dass es im ureigenen Sicherheitsinteresse Europas sei, von Demokratien umgeben zu sein. Die externe Demokratieförderung wurde deshalb zu einem Kernelement des sogenannten Barcelona-Prozesses, der im November 1995 auf Initiative der EU zur Neugestaltung der interregionalen Beziehungen mit der südlichen Nachbarschaft aus der Taufe gehoben wurde. Der Name Barcelona-Prozess hat sich als Bezeichnung für die Euro-Mediterrane Partnerschaft (EMP) durchgesetzt. Grundlegende Dokumente der EMP sind die Erklärung von Barcelona (1995) sowie die Assoziierungs-Abkommen, die sukzessive mit den einzelnen Mittelmeerdrittländern abgeschlossen wurden.

A. Jünemann, J. Simon, *Der Arabische Frühling*, essentials,
DOI 10.1007/978-3-658-07020-5_2

2.1 Sicherheitspolitik unter dem Paradigma des ‚demokratischen Friedens'

Die im Barcelona-Prozess hervorgehobene Bedeutung der externen Demokratieförderung muss im zeitgeschichtlichen Kontext gesehen werden. Der Kalte Krieg war gerade überwunden und es schien, als ob damit „das Ende der Geschichte" (vgl. Fukuyama 1992) erreicht worden sei, also das Ende aller großen ideologischen Auseinandersetzungen. Damit hatte sich scheinbar ein Zeitfenster geöffnet, um der Demokratie weltweit zum Durchbruch zu verhelfen, auch in der arabischen Welt, deren Autokratien bisher allen Demokratisierungswellen standgehalten hatten.

Vor diesem Hintergrund ist es kein Zufall, dass in den 1990er Jahren das Theorem des *demokratischen Friedens* zur Leitlinie europäischer Außen- und Sicherheitspolitik avancierte. Essenz dieses auf Immanuel Kant zurückgehenden Theorems des *ewigen Friedens* ist die Aussage, dass Demokratien ihre Konflikte untereinander friedlich lösen (kritisch dazu vgl. Müller 2002). Daraus lässt sich schlussfolgern, dass die Sicherheit einer Demokratie wächst, wenn sie von anderen Demokratien umgeben ist. Unter Berufung auf den *demokratischen Frieden* legitimiert sich Demokratieförderung in benachbarten Staaten nicht mehr nur normativ, sondern auch realpolitisch, denn sie dient der eigenen Sicherheit. Das Zeitfenster, innerhalb dessen der *demokratische Frieden* Leitlinie europäischer Außenpolitik war, währte kaum ein Jahrzehnt, determinierte in dieser Dekade jedoch die institutionelle und vertragliche Ausgestaltung der EU-Außenbeziehungen. Die externe Demokratieförderung wurde 1993 als politisches Ziel im EU-Vertrag von Maastricht und in allen internationalen Verträgen mit Drittstaaten festgeschrieben, womit sich ideelle Strukturen in verbindlichen Verträgen materialisierten. Das generelle Bekenntnis zu Demokratie und Menschenrechten findet sich in Art. F EUV, das Ziel der externen Demokratieförderung für die Gemeinsame Außen- und Sicherheitspolitik (GASP) in Art. J.1 Abs. 2 EUV und für die Entwicklungspolitik in Art. 130u Abs. 2 EGV. Mit Einführung des Barcelona-Prozesses wurde die EU-Mittelmeerpolitik eines der ersten Testfelder für die externe Demokratisierungspolitik der EU. In Analogie zur Demokratisierungspolitik im Rahmen des Beitrittsprozesses der Mittel- und Ostereuropäischen Länder (MOEL) entwickelte die EU einen umfangreichen Instrumentenkasten zur Förderung von Demokratisierungsprozessen auch in ihrer südlichen Nachbarschaft, allerdings unterhalb der Schwelle einer Beitrittsperspektive. Kernstück des Instrumentariums ist die politische Konditionalisierung der Wirtschafts- und Finanzkooperation, derzufolge Fortschritte der südlichen Partnerländer im wirtschaftlichen und politischen Reformprozess von der EU belohnt werden können bzw. deren Ausbleiben sanktioniert werden kann. Dazu enthalten die euro-mediterranen Assoziierungsabkommen eine entsprechende *essential elements*-Klausel, die die Respektierung von Demokratie und Menschenrechten als wesentliches Element des Vertragswerks festlegt.

Priorität wurde allerdings den wirtschaftlichen Reformen beigemessen, ausgehend von der modernisierungstheoretisch unterfütterten Annahme, dass wirtschaftliche Liberalisierung zeitversetzt eine politische Öffnung und damit langfristig auch die Einleitung eines Demokratisierungsprozesses bewirke (kritisch dazu vgl. Horst 2010). Die Etablierung von Instrumenten zur Einflussnahme auf die innenpolitische Entwicklung der südlichen Mittelmeerländer war nur möglich aufgrund der wirtschafts- und machtpolitischen Asymmetrien in den inter-regionalen Beziehungen zugunsten der EU. Die Vorgaben der EU wurden von den südlichen Partnerländern akzeptiert in der (weitgehend enttäuschten) Erwartung engerer Handelsbeziehungen und in der (berechtigten) Hoffnung, dass die Dinge nicht so heiß gegessen wie gekocht werden.

Die Empirie zeigt, dass die EU ihre vielfältigen Instrumente zur Förderung der Demokratie nur halbherzig zum Einsatz gebracht hat: Aus Angst vor den Folgen eines unkontrollierten Demokratisierungsprozesses, der radikalen Islamisten zur Macht verhelfen oder Staaten zerfallen lassen könnte, setzte die EU sehr bald schon auf eine kurzfristiger angelegte reine Stabilitätspolitik und erfüllte damit die unausgesprochenen Hoffnungen der arabischen Autokratien auf die Persistenz normfreier Realpolitik (vgl. Jünemann 2009). Politische Reformprozesse wurden seitens der EU nicht wirklich eingefordert, und auch mit Blick auf die priorisierten Wirtschaftsreformen drückte die EU beide Augen zu, wenn sich die politische Klasse im Zuge der Privatisierung hemmungslos bereicherte (vgl. Schumacher 2011). Ähnlich unscharf blieben die sogenannten *bottom-up*-Ansätze der Demokratisierungspolitik; kleinere Kooperationsprojekte auf der Ebene der Zivilgesellschaften, mit denen die EU in den südlichen Partnerländern Demokratisierungsprozesse von unten anstoßen wollte (vgl. Jünemann 2002).

Blickt man auf die Entwicklung der letzten zehn Jahre zurück, so fällt auf, dass die entsprechenden Programme immer unpolitischer wurden. In den laufenden Programmen Euro-Med Heritage, Euro-Med Audiovisual und Euro-Med Youth dominiert der kulturelle Dialog gegenüber einer expliziten Demokratisierungs- und Menschenrechtspolitik (vertiefend zur Kooperation im kulturellen Bereich vgl. Jünemann 2003 und Pace 2005). Somit ist auch beim *bottom-up*-Ansatz der EU-Demokratisierungspolitik sichtbare Zurückhaltung zu konstatieren. Während für MEDA I, das wichtigste Instrument zur Finanzierung der Euro-Mediterranen Partnerschaft, das 2007 mit dem TACIS Programm (Finanzinstrument für die GUS-Staaten) zum Europäischen Nachbarschafts- und Partnerschaftsinstrument (ENPI) zusammengefasst wurde, von 1995 bis 1999 ca. 3,5 Mrd. Ecu ausgegeben wurden, beliefen sich die Gelder für das so genannte MEDA Democracy-Programm im gleichen Zeitraum auf 27 Mio. Ecu. Auch bei den nachfolgenden Programmen blieb die Relation ähnlich. Damit lässt sich zusammenfassend festhalten, dass die EU entgegen ihrer eigenen Demokratisierungsrhetorik faktisch zu einer Stütze der autoritären Regime in der Region geworden war, da gesicherte Machtverhältnisse in der als Krisenregion wahrgenommenen arabischen Welt auch im Sicherheitsinteresse der EU liegen (vgl. Borchardt 2011).

2.2 Vom ‚Demokratischen Frieden' zur ‚Versicherheitlichung': ein Paradigmenwechsel

Zu den ideellen Strukturen, die die *Handlungslogiken* politischer Akteure determinieren, gehören auch politische und gesellschaftliche Diskurse, die zu bestimmten Zeiten den Charakter von Leitmotiven annehmen können. Auf Diskursebene wurde der *demokratische Frieden* nach den terroristischen Anschlägen auf das World Trade Center in New York am 11. September 2001 weitgehend von einem Diskurs der *Versicherheitlichung* (vgl. Buzan et al. 1998) abgelöst, demzufolge die Bedrohung durch den internationalen Terrorismus vital sei und deshalb außergewöhnliche Maßnahmen zu seiner Abwehr erlaube. Dieses neue Sicherheitsparadigma ist jedoch mit dem Paradigma des *demokratischen Friedens*, das in der EU ohnehin an Bindekraft verloren hatte, nicht kompatibel, sodass man nach 9/11 von einem Paradigmenwechsel in den internationalen Beziehungen im Allgemeinen und in den EU-Außenbeziehungen im Besonderen sprechen kann. Dies gilt ungeachtet der Tatsache, dass die Förderung von Demokratie und Menschenrechten weiterhin in Präambeln und politischen Absichtserklärungen auftauchte. Der Umsetzung dieser Absichtserklärungen wurde jedoch sukzessive die materielle Grundlage entzogen (vgl. Horst 2010). Folgt man den einzelnen Etappen der EU-Mittelmeerpolitik von der Einführung des Barcelona-Prozesses über die Ausweitung zur Nachbarschaftspolitik (ENP) 2004 bis hin zu ihrer letzten Etappe 2008, der Union für das Mittelmeer, so kann man feststellen, dass die externe Demokratisierungspolitik immer weiter marginalisiert wurde und lediglich als rhetorische Hülle überlebte (vgl. Bicchi und Gillespie 2011). Die UfM bildet den Schlusspunkt dieser Entwicklung, da keine nennenswerte Mitwirkung der Zivilgesellschaft mehr vorgesehen ist und die intergouvernementale Zusammenarbeit auf politisch unkonditionalisierte, rein funktionale und technische Projekte konzentriert ist. Dem Vorwurf der Marginalisierung der Zivilgesellschaft wird zwar gerne die Gründung der Anna Lindh Foundation (ALF) 2005 zur Pflege des interregionalen Kulturaustauschs entgegengehalten.[1] Diese interkulturellen, unpolitischen Projekte und Austauschprogramme

[1] Für weiterführende Informationen bzgl. Programm, Ressourcen etc. vgl. http://www.euromedalex.org.

sind einerseits interkulturell und sehr unpolitisch angelegt und richten sich zudem nur an einen eng begrenzten Adressatenkreis innerhalb der Partnergesellschaften.

2.3 Legale und normative Entgrenzung in der Europäischen Mittelmeerpolitik

Durch die Legitimation außergewöhnlicher Abwehrmaßnahmen gemäß dem Konzept der *Versicherheitlichung* erlebte der europäische Kampf gegen den internationalen Terrorismus eine normative und legale Entgrenzung. Bislang hatte man in Europa einfach nur weggesehen, wenn autokratische Regime Menschenrechtsverletzungen an Regimegegnern verübten. Nun tolerierten es EU-Mitgliedstaaten sogar, wenn der amerikanische Geheimdienst CIA europäische Staatsbürger unter Terrorismusverdacht zum Verhör in arabische Länder oder nach Afghanistan verschleppte, wie den deutschen Staatsbürger Khaled el-Masri (vgl. *FAZ* 6. 3. 2006: 3). Europäer folterten nicht selber, sondern überließen dies den Regimen, die zu Alliierten im Kampf gegen den transnationalen Terrorismus avanciert waren. Je mehr die Europäer jedoch auf die Kooperation mit den Geheimdiensten und Sicherheitsbehörden der arabischen Autokratien bauten, desto mehr verschoben sich die politischen Interdependenzen zu deren Gunsten. Unter diesen neuen Rahmenbedingungen blieb wenig Platz für die Einforderung von Demokratie und Menschenrechten; Europäer waren ja teilweise indirekt an den begangenen Menschenrechtsverletzungen beteiligt. In diesen Kontext gehört im weiteren Sinne (ohne den hier diskutierten Regionalbezug) auch die heimliche Errichtung sogenannter Foltergefängnisse in Litauen und Polen sowie das Versagen der deutschen Regierung im Falle des unrechtmäßig in Guantanamo festgehaltenen türkischstämmigen Staatsbürgers muslimischen Glaubens Murat Kurnaz (vgl. Council of Europe 2006).

Eng verflochten mit der *Versicherheitlichung* des internationalen Terrorismus ist die zunehmende *Versicherheitlichung* der sogenannten „illegalen" Migration (vgl. u. a. Krause 2009; van Munster 2009; Nuscheler 2010). Wurden „illegale" Migranten in den 1990er Jahren als Sicherheitsproblem im Kontext von Menschenhandel, Drogenhandel und Organisierter Kriminalität wahrgenommen, spielte nach 9/11 auch im Migrationsdiskurs die Angst vor der Infiltration durch Terroristen eine zunehmende Rolle. Die Maßnahmen zur Verhinderung illegaler Grenzüberschreitungen wurden seitdem auf nationaler und europäischer Ebene massiv verschärft. Auch hier ist eine enge Kooperation mit den nordafrikanischen Autokratien zu verzeichnen, insbesondere zwischen Italien und Libyen (vgl. HRW 2009). Den Schlussstein dieser Architektur bilden Rücknahmeabkommen mit den nordafrikanischen Autokratien. Mit den proklamierten Werten der normativen oder Zivilmacht Europa sind diese Praktiken nicht in Einklang zu bringen (vgl. Manners 2002). Dabei hat sich bereits die Europäische Gemeinschaft (EG) in den 1970er Jahren zum normativen Leitbild einer Zivilmacht Europa bekannt, dessen Konzept sich verkürzt auf ein Streben nach Zivilisierung der internationalen Beziehungen durch Verregelung und Verrechtlichung herunterbrechen lässt (vgl. Duchêne 1972; Kirste und Maull 1996). Die *Versicherheitlichung* von Terrorismus und „illegaler" Migration hat diese Praktiken zu einer neuen Normalität werden lassen. Ertrunkene Bootsflüchtlinge sind Teil des europäischen Alltags geworden und werden auch von den Medien kaum mehr skandalisiert. Derartige Normverschiebungen bleiben nicht folgenlos, sondern wirken sich auch auf die innergesellschaftlichen Diskurse in Europa aus, die wiederum auf die Wahrnehmung der Entscheidungsträger zurückwirken. Dieses Bild mag düster erscheinen, gehört aber mit in das größere Tableau der insgesamt sehr viel facettenreicheren euro-mediterranen Beziehungen. Politischer Wandel, wenn er denn grundlegend sein soll, müsste an diesen neuralgischen Punkten ansetzen, weshalb sie ins Zentrum des vorliegenden Beitrags gerückt wurden.

Handlungslogiken künftiger EU-Mittelmeerpolitik

3

Politischer Wandel ist vorwiegend eine Frage des politischen Willens, aber nicht nur. Strukturen können Wandel begünstigen oder erschweren, je nachdem, inwieweit sie selbst einem Wandel unterliegen. Historische Ereignisse verändern Strukturen, aber bei weitem nicht alle. Im Folgenden sollen die materiellen und ideellen Strukturen mit Blick auf die Frage untersucht werden, ob infolge des Arabischen Frühlings innerhalb der europäischen Mittelmeerpolitik Persistenz oder Wandel überwiegt.

3.1 Materieller und ideeller Strukturwandel im integrationspolitischen Kontext

Für das Verständnis der aktuellen Probleme der EU bei der Gestaltung ihrer Mittelmeerpolitik ist der integrationspolitische Kontext von großer Bedeutung, der völlig unabhängig von den Entwicklungen im Mittelmeerraum verläuft. Die EU befindet sich am Anfang des 21. Jahrhunderts in einer veritablen Krise, die sich bereits im Scheitern des Verfassungsvertrages von 2005 manifestierte und mit der Euro-Krise nach 2008 einen neuen Höhepunkt erreicht hat. Kern der Krise ist der grundlegende Konflikt über den Grad an gewünschter Integration. Bemühungen um eine den internationalen Herausforderungen angemessene Vertiefung der Außen- und Sicherheitspolitik stehen massive Widerstände entgegen, sodass man in diesem Politikfeld von einem allgemeinen Trend zur Re-Nationalisierung sprechen kann. Traditionelle Integrationsskeptiker wie beispielsweise Großbritannien haben seit der EU-Erweiterung von 2004 Verstärkung durch die Mehrzahl der neu dazugekommenen Mittel- und Osteuropäischen Länder bekommen. Das auswärtige Agie-

A. Jünemann, J. Simon, *Der Arabische Frühling,* essentials,
DOI 10.1007/978-3-658-07020-5_3

ren in Koalitionen der Willigen ist mithin zum Normalfall geworden. In dem Maße aber, in dem der europäische Rahmen von den EU-Mitgliedstaaten nicht (mehr) als Fluchtpunkt für die Austarierung ihres außenpolitischen Handelns wahrgenommen wird, verlieren normative Leitplanken wie das Konzept einer Zivilmacht Europa, dem das Theorem des *demokratischen Friedens* im Sinne einer globalen Friedenspolitik inhärent ist, jedoch immer mehr an Bindungswirkung.

3.2 Der Europäische Auswärtige Dienst

Der EAD, im gescheiterten EU-Verfassungsvertrag noch als europäisches Außenministerium konzipiert, wurde von den Integrationsskeptikern zu einem besseren Sekretariat herabgestuft, das nur im Auftrag und an der kurzen Leine der nationalen Außenministerien agieren kann. Mag sein, dass sich die Arbeit innerhalb der neu geschaffenen Institution erst einspielen muss, Interviews im EAD vom April 2011 ließen davon jedoch noch wenig erkennen.[1] Signifikant erschien hingegen die hohe Unzufriedenheit der Mitarbeiter des EAD angesichts ihrer geringen politischen Gestaltungsmöglichkeiten. Frühere Mitarbeiter der Kommission beklagten interessanterweise einen „relativen" Verlust hinsichtlich des angeblich mächtiger gewordenen Rats und ehemalige Mitarbeiter des Rates hinsichtlich der angeblich immer größer werdenden Kommission. Einig waren sich beide Gruppen im Misstrauen gegenüber einer dritten Gruppe von EAD-Mitarbeitern, den Entsandten aus den nationalen Außenministerien. Zur Zeit der Interviews fühlten sich die Mitarbeiter des EAD offensichtlich ihren Herkunftsinstitutionen noch stärker zugehörig als der neu geschaffenen Institution.

Der Zustand mangelnder Einsatzfähigkeit aufgrund des im Hintergrund laufenden Kompetenzgerangels veranschaulicht auch die Wechselwirkung zwischen Akteuren und Strukturen. Indem Integrationsskeptiker die Entstehung eines voll handlungsfähigen EAD ausbremsten, machten sie sich gleichzeitig selber zu Gefangenen der damit defizitär gebliebenen Strukturen. Konfrontiert mit dem unerwarteten Umbruch in der arabischen Welt befindet sich die EU deshalb in einer vergleichbaren Situation wie Anfang der 1990er Jahre, als sie vom Auseinanderfallen Jugoslawiens überrascht wurde. Die mit dem Maastrichter Vertrag gegründete GASP steckte damals ebenfalls noch in den Kinderschuhen, sodass die Gemeinschaft nicht handlungsfähig war und kläglich versagte. Die Unfähigkeit, adäquat

[1] An dieser Stelle sei der Konrad-Adenauer-Stiftung Brüssel gedankt für die organisatorische Unterstützung bei der Vorbereitung einer Serie von Experteninterviews in EP, Rat und Kommission im April 2011.

auf die Balkankrise zu reagieren, spornte die Gemeinschaft zwar an, aber weder die mit dem Nizza-Vertrag institutionalisierte GASP noch der mit dem Lissabonner Vertrag eingeführte EAD konnten bislang die Defizite der EU bei der Bewältigung akuter Krisen überwinden. EU-Außenpolitik ist nach wie vor langfristig angelegt, versagt aber regelmäßig wenn schnelles und kohärentes Handeln gefragt ist.

3.3 Die Union für das Mittelmeer

Der Abwehrkampf gegen eine Europäisierung der EU-Außenbeziehungen manifestiert sich auch in der institutionellen Ausgestaltung der euro-mediterranen Beziehungen. Die UfM steht beispielhaft für eine Rückführung in vorwiegend intergouvernementale Strukturen, innerhalb derer die Kommission und das EP ihre Kompetenzen weitgehend eingebüßt haben. Maßgeblich sind die neu geschaffenen rein intergouvernementalen Institutionen, die von der Arbeitsebene bis hin zur neu geschaffenen Ebene der Staats- und Regierungschefs paritätisch mit Vertretern aus dem südlichen Mittelmeerraum und der EU besetzt sind. Dieses institutionelle *setting* unterstreicht den Partnerschaftsgeist und hebt sich damit deutlich ab vom asymmetrischen und zum Teil als paternalistisch oder neo-kolonial wahrgenommenen Barcelona-Prozess. Bei aller Kritik an der UfM ist dieser Punkt wichtig und sollte im Auge behalten werden. Der dafür zu zahlende Preis ist jedoch hoch, solange die Partner, an die man sich durch solche Strukturen noch enger bindet, durchweg Autokratien sind. Präsident Mubarak und Präsident Sarkozy übernahmen gemeinsam als erste die Funktion der neu geschaffenen doppelten Präsidentschaft. Die UfM steht damit nicht nur faktisch, sondern seit dem Sturz Mubaraks auch ausgesprochen symbolträchtig für den engen Schulterschluss Europas mit der Autokratie. So liegt es in der *Handlungslogik* dieser Institution, über die Erhebungen des Arabischen Frühlings zu schweigen.

4 EU-Mittelmeerpolitik nach dem Arabischen Frühling: Persistenz und/oder Wandel?

Der Arabische Frühling hat die Rahmenbedingungen europäischer Mittelmeerpolitik schon rasch nach seinem Ausbruch verändert. Bis dahin hatten alle arabischen Partnerländer der EU gemeinsam, dass sie, unabhängig von der jeweiligen Staatsform, autokratisch regiert wurden; als einzige Ausnahme ist der Libanon zu nennen. Inzwischen hat es die EU einerseits mit Transformationsländern zu tun wie Ägypten, Tunesien und Libyen, andererseits aber weiterhin mit Autokratien, die entweder versuchen, einer Revolution mit (halbherzigen) Reformen zuvorzukommen wie Jordanien und Marokko oder aber mit offener Gewalt gegen die Rebellionen vorgehen wie Syrien. Angesichts der verschärften Heterogenität ist es unwahrscheinlich, dass die EU ihren ursprünglichen Ansatz, eine an gemeinsamen Werten orientierte euro-mediterrane *Region* zu konstituieren, weiterführen kann. Der Arabische Frühling hat dem Projekt faktisch ein Ende gesetzt – selbst wenn im Mai 2011 die ENP in dem Dokument *Eine neue Antwort auf eine Nachbarschaft im Wandel* als relevanter institutioneller Rahmen der euro-mediterranen Beziehungen bekräftigt wurde. Es scheint notwendig und angebracht, künftig sehr viel stärker zwischen den einzelnen Ländern zu differenzieren und ihnen passgenaue Angebote zu machen (vgl. Asseburg 2011). Dies gilt auch und vor allem für die Förderung von Demokratie und Menschenrechten.[1]

[1] Auf das Prinzip der Differenzierung, das nominell bereits in der ENP hervorgehoben wurde, wird im genannten Dokument vielfach explizit rekurriert (Europäische Kommission 2011, u. a. 5, 6, 13, 28; vgl. auch European Commission 2003, S. 9, 15 f.).

A. Jünemann, J. Simon, *Der Arabische Frühling*, essentials,
DOI 10.1007/978-3-658-07020-5_4

4.1 Ansätze für einen politischen Kurswechsel

Innerhalb des Dokuments zur Erneuerung der Nachbarschaftspolitik – des maßgeblichen EU-Dokuments in Reaktion auf den Arabischen Frühling – ist eine neue Prioritätensetzung erkennbar, indem die „Unterstützung von Fortschritten auf dem Weg zu vertiefter Demokratie" nunmehr an erste Stelle gerückt ist (Europäische Kommission 2011, S. 4; vgl. auch European Commission 2011a). Der Begriff „vertiefte Demokratie" zeugt von einer gewissen Hilflosigkeit, hatte man doch schon vorher für sich in Anspruch genommen, Demokratie zu fördern. Die Wahl der Worte und die Entwicklung eines adäquaten Instrumentariums sind schwierig angesichts des Glaubwürdigkeitsverlustes, unter dem die EU aufgrund ihrer bisherigen und zum Teil noch anhaltenden Nähe zu den Autokraten in der Region leidet. Vor diesem Hintergrund ist es fraglich, ob die in der reformierten Nachbarschaftspolitik vorgesehene stärkere Konditionalisierung der Wirtschafts- und Finanzkooperation von den Transformationsregimen angenommen oder als unangemessene Einmischung zurückgewiesen wird. Bisher zeigt sich besonders auf ägyptischer Seite eine gewisse Zurückhaltung diesbezüglich.

Generell, vor allem aber mit Blick auf die Länder, die keinen oder einen wenig glaubhaften Transformationsprozess eingeleitet haben, dürfte die von der EU nun wieder angestrebte Einbindung der Zivilgesellschaft von größerer Bedeutung sein. Hier hat sich die EU am deutlichsten bewegt – beispielsweise mit dem Plan, ein European Endowment for Democracy (EED) einzuführen (vgl. European Commission 2011a). Die Initiative zum EED geht unter anderem auf Toomas Hendrik Ilves zurück, den Staatspräsidenten von Estland und ehemaligen Abgeordneten des EP. Erste Konzepte wurden bereits 2004 entwickelt, damals allerdings eher mit Blick auf Belarus und die Ukraine.[2] Kritische Stimmen befürchten eine zu starke konzeptionelle Anlehnung an das umstrittene US-amerikanische National Endowment for Democracy, das während des Kalten Krieges anti-kommunistische Gruppen unterstützte, die oft alles andere als demokratisch waren. Grundsätzlich wäre die Idee des EED aber als erster Schritt in Richtung einer aktiven Kooperation mit den Zivilgesellschaften zu begrüßen, sofern nicht nur einzelne, selektiv von der EU ausgewählte Parteien und Gruppierungen unterstützt werden. Ein solcher Fokus auf die (formal auch ohne die Zustimmung der jeweiligen Regierung durchführbare) Unterstützung von Akteuren, die der Vorstellung der EU entsprechen, scheint jedoch im Konzept des EED sowie im bereits seit 2006 arbeitenden European Instrument for Democracy and Human Rights (EIDHR) zu existieren. Dabei hat das EED zusätzlich und mit direktem Bezug zum Arabischen Frühling

[2] Interview mit Toomas Hendrik Ilves vom 26. April 2006 in Brüssel.

die Berechtigungskriterien zur Aufnahme in die Förderung auf unkonventionelle und neue Beteiligungsformate, individuelle Aktivisten sowie nur virtuell oder aus dem Exil arbeitende Akteure ausgedehnt (Art. 2.2 Statutes of the EED). Hilfreicher und nachhaltiger als die direkte Förderung von Einzelgruppen wäre allerdings die Förderung von Strukturen, die zivilgesellschaftliches Engagement verschiedener Couleur überhaupt erst ermöglichen. Das wiederum würde es jedoch notwendig machen, von den Regierungen Reformen im Sinne der Etablierung einer *enabling environment*[3] für organisierte Akteure der politischen Zivilgesellschaft einzufordern. Dadurch wird ersichtlich, dass sich die EU auf einer schwierigen Gratwandering befindet, weil sie mehr denn je dem Vorwurf neokolonialer Einmischung ausgesetzt ist. Durch den Aufbau der ebenfalls im Kontext des Arabischen Frühlings auf die südliche Nachbarschaft bezogenen Neighbourhood Civil Society Facility strebt die EU jedoch langfristig eine Annäherung der Unterstützung von und des Dialogs mit nicht-staatlichen Akteuren an die institutionalisierten bilateralen Komitteestrukturen an. Sie zielt damit auf die Etablierung eines inklusiven Ansatzes der zivilgesellschaftlichen Partizipation in nationalen Reformen ab – in der Umsetzung scheint sie den ursprünglichen Etappenzielen 2011–2013 jedoch noch nicht gerecht geworden zu sein (European Commission 2011b).

Die EU wird Jahre der Vertrauensbildung benötigen, um ihre verlorene Glaubwürdigkeit wiederherzustellen. In diesem Kontext und mit Blick auf eine notwendige „Revolutionsdividende" ist Großzügigkeit in der wirtschafts- und finanzpolitischen Kooperation geboten. So unterschiedlich die Motive der Protestbewegungen im Einzelnen sind, gemeinsam ist ihnen die Forderung nach sozialer Gerechtigkeit und einer wirtschaftlichen Perspektive für die jungen Generationen. Werden diese Erwartungen nicht erfüllt, steht es schlecht um die Chancen des politischen Wandels. In dem Dokument zur Erneuerung der Nachbarschaftspolitik wird diesem Thema breiter Raum gegeben. Dem Wunsch der Mittelmeerpartner folgend, werden Handelszugeständnisse und umfassendere Freihandelszonen versprochen. Es ist allerdings fraglich, ob bei der Umsetzung die notwendigen Prioritäten gesetzt werden, zum Beispiel indem Geberländer vorübergehend Subventions- und Sozialleistungen übernehmen, wenn die Regierungen entsprechende Reformprogramme vorlegen (vgl. Asseburg 2011, S. 29). Dies umso mehr vor dem Hintergrund, dass die finanzpolitischen Handlungsspielräume der EU durch die Wirtschafts- und Fi-

[3] Die Kommission streicht hier die Bedeutung einer „CSO [Civil Society Organisation] enabling environment" heraus: „To operate, CSOs need a functioning democratic legal and judicial system – giving them the de jure and de facto right to associate and secure funding, coupled with freedom of expression, access to information and participation in public life. The primary responsibility to ensure these basic conditions lies with the state" (European Commission 2012, S. 5).

nanzkrise begrenzt sind. Ein weiteres Feld der Kooperation ist die sicherheitspolitische Zusammenarbeit, die sich ebenfalls neuen Rahmenbedingungen anpassen muss. Hier ist vor allem ein Wandel mit Blick auf den internationalen Terrorismus zu verzeichnen. Der Bericht über die Umsetzung der Europäischen Sicherheitsstrategie vom Dezember 2008 ließ bereits erkennen, dass die *Versicherheitlichung* des internationalen Terrorismus gegen Ende der letzten Dekade an Bedeutung verloren hat (vgl. Solana 2008). In der Tat haben seit dem 11. September 2001 (bzw. seit 2004/2005) keine vergleichbaren Attentate mehr stattgefunden, sodass das Ausmaß der Bedrohung offensichtlich nicht mehr als so vital wahrgenommen wird wie unmittelbar nach dem Schock von 9/11. Aus dieser Entwicklung lässt sich ein vorsichtiger Trend zu einer *Entsicherheitlichung* des internationalen Terrorismus ableiten und damit die Hoffnung auf einen Politikwandel im Sinne einer Rückführung der Terrorismusabwehr in die legalen und normativen Grenzen des Rechtsstaates. Sollten sich jedoch al-Qaida und/oder andere terroristischen Gruppen in den geschwächten Staaten des Arabischen Frühlings ausbreiten, wie dies im Fall Libyens und Syriens schon früh vermutet wurde, könnte sich der beobachtete Trend auch schnell wieder umkehren.[4]

4.2 Persistenz des Sicherheitsparadigmas im Politikfeld der Migration

Persistenz zeichnet sich hingegen bei der *Versicherheitlichung* der illegalen Migration ab, wie die katastrophalen Zustände auf der italienischen Insel Lampedusa nach dem „Ansturm" der ersten vom Arabischen Frühling ausgelösten „Flüchtlingswellen" verdeutlichen – Begriffe, die ihrerseits schon dem hier kritisierten Diskurs der *Versicherheitlichung* zugerechnet werden können. Dabei wurde seitens der italienischen Regierung ein Problem zur vitalen Herausforderung stilisiert, das sich mit politischem Willen hätte lösen lassen: Anstatt großzügige Sofortprogramme zur Aufnahme und Verteilung der Flüchtlinge aufzulegen, wurde ein kleinlicher Streit um die Verantwortlichkeiten geführt. Konsens bestand lediglich darin, den Einsatz der europäischen Grenzschutzagentur FRONTEX auf Anfrage Italiens durch die Joint Operation Hermes vor den südlichen Küsten zu verstärken (vgl. Frontex News 2011; Gottwald 2012, S. 20; zur Kritik an der Organisation vgl. Koenig 2011, S. 7).

[4] Nicht direkt mit dem arabischen Frühling verbunden, inhaltlich aber in diesem Kontext zu berücksichtigen ist aktuell der Vormarsch der Organisation „Islamischer Staat im Irak und in Syrien" insbesondere auch auf irakischem Staatsgebiet.

Die ersten Reaktionen der EU-Mitgliedstaaten folgten so den alten Mustern.

Im Dokument zur Erneuerung der Nachbarschaftspolitik deutet die Ankündigung von Visa-Liberalisierungen und der Weiterentwicklung von Mobilitätspartnerschaften auf den ersten Blick einen ersten vorsichtigen Wandel an, auch wenn diese Maßnahmen, die eine legale Migration erleichtern würden, unter anderem mit der Alterung der Erwerbsbevölkerung in Europa und dem daraus erwachsenden Arbeitskräftemangel begründet werden. Es handelt sich also um strukturelle Veränderungen innerhalb Europas, die sich prinzipiell positiv auf die Bearbeitung des Politikfeldes Migration auswirken könnten (vgl. Europäische Kommission 2011, S. 14). Etwas näher betrachtet zeigt sich jedoch, dass diese Option wiederum auf einen sehr kleinen Adressatenkreis beschränkt bleibt; Visa- und Mobilitätserleichterungen richten sich zuvorderst explizit an „gut ausgebildete, begabte junge Arbeitskräfte" sowie „Studierende, Forscher und Geschäftsleute" (Europäische Kommission 2011, S. 14). Darüber hinaus sind der Kapazitätsaufbau zur Verbesserung von Grenzkontrollen und Migrationsmanagement, die effiziente Zusammenarbeit in der Strafverfolgung und die Rücknahme „illegaler" Migranten auch weiterhin als Hauptziele (und zeitlich vorgelagerte Grundbedingungen) der Kooperationsinitiativen zu identifizieren (vgl. Europäische Kommission 2011, S. 12 f.; European Commission 2011a, S. 6 f.). Eine enge Abstimmung wird hier nach wie vor angestrebt, sowohl mit den alten als auch den neuen Regimen in der Region (Seeberg 2013).

4.3 Lessons Learned?

Die Zusammenschau der unterschiedlichen Dimensionen der EU-Mittelmeerpolitik lässt sowohl Elemente des Wandels als auch der Persistenz erkennen (für eine breiter angelegte systematische Analyse von Wandel und Persistenz im Arabischen Frühling vgl. Horst et al. 2013). Korrekturen am bisherigen Kurs sind vorhanden, wobei hier vor allem eine die sozialen Belange stärker in den Vordergrund rückende Wirtschafts- und Finanzkooperation (vgl. hierzu kritisch Zorob 2013) sowie die bessere Einbindung der Zivilgesellschaft zu nennen sind. Mag sein, dass die angedachten Innovationen der Logik Tomasi di Lampedusas folgen, wonach sich alles ändern muss, damit es bleibt wie es ist. Es ist aber auch möglich, dass ein grundsätzlicher und nachhaltiger Politikwechsel eingeläutet wurde. Dies wird sich erst mit einigem zeitlichen Abstand erkennen lassen, durch eine kritische Evaluation der praktischen Umsetzung dieser bisher nur deklarierten Ziele. Auf anderen Politikfeldern, insbesondere dem der Migrationspolitik, wird hingegen offensichtlich, dass die alten *Handlungslogiken* praktisch ungebrochen sind. Hier sind es einmal mehr die südlichen EU-Mitgliedstaaten, die in einer sicherheitsparadigmatisch determinierten *Handlungslogik* verhaftet bleiben und sich einer dringend notwendigen Korrektur verweigern. Bleibt die abschließende Frage, ob ein Prozess politischen Lernens in der EU nun stattgefunden hat oder nicht. Ungeachtet der angekündigten Reformen scheint die EU den südlichen Mittelmeerraum nach wie vor in erster Linie als Krisenregion wahrzunehmen. Entsprechend gilt Stabilität weiterhin als wichtigstes politisches Ziel, dem andere Ziele untergeordnet werden. Das Sicherheitsparadigma determiniert vor allem die *Handlungslogik* der südlichen EU-Mitgliedstaaten, der führenden Akteure der EU-Mittelmeerpolitik. Kräfte des Wandels finden sich tendenziell eher in den EU-Institutionen, die in den weitgehend intergouvernementalen Strukturen der EU-Außenbeziehungen jedoch nur eine randständige Rolle spielen. Diejenigen Instrumente, in denen sie jedoch federführend agieren können (EIDHR, Neighbourhood Civil Society Facility) oder die sogar aus dem formalen EU-Rahmenwerk ausgegliedert sind (das EED firmiert als privatrechtliche Stiftung), dokumentieren am ehesten Verschiebungstendenzen. In welche Richtung sich die EU-Mittelmeerpolitik künftig bewegt und inwiefern sie die südliche Nachbarschaft in ihren Wandlungsprozessen wird unterstützen können, hängt deshalb auch von der Entwicklung des europäischen Integrationsprozesses ab, konkret vom Grad der Europäisierung (beziehungsweise Brüsselisierung) der EU-Außenbeziehungen.

Was Sie aus diesem Essential mitnehmen können

- Die Relevanz des Verlaufs des Integrationsprozesses der EU als wesentliche Determinante für europäisches auswärtiges Handeln wird auch im Kontext des Arabischen Frühlings deutlich.
- Die Prämissen und grundlegenden Paradigmen der europäischen Außen- und Sicherheitspolitik haben sich zwischen dem Beginn der Euro-Mediterranen Partnerschaft über die Europäische Nachbarschaftspolitik und die Union für den Mittelmeerraum bis hin zum Beginn des Arabischen Frühlings gewandelt, was jeweils Implikationen für die externe Demokratisierungspolitik der EU hatte.
- Der kontextbezogene Lernprozess der EU weist sowohl Persistenz als auch Wandel auf: Während beispielsweise im Bereich der Migrationsproblematik Handlungslogiken intakt bleiben, wird die Einbeziehung der Zivilgesellschaften in die Kooperationsbeziehung durch neue Politikinstrumente stärker in den Vordergrund gerückt.

A. Jünemann, J. Simon, *Der Arabische Frühling,* essentials,
DOI 10.1007/978-3-658-07020-5

Literatur

Asseburg, Muriel. 2011. *Der Arabische Frühling. Herausforderung und Chance für eine europäische Politik*. Berlin: Stiftung Wissenschaft und Politik.

Bicchi, Frederica, und Richard Gillespie, Hrsg. 2011. Special issue: The union for the Mediterranean. Continuity or change in Euro-Mediterranean relations? *Mediterranean Politics* 16 (1): 3–19.

Borchardt, Ulrike. 2011. Das Scheitern der EU-Mittelmeerpolitik. In *Friedensgutachten 2011*, Hrsg. Margret Johannsen, et al., 61–76. Hamburg: LIT.

Buzan, Berry, et al. 1998. *Security: A new framework of analysis*. Boulder: Lynne Rienner.

Cody, Edward. 2013. Tunisia faces political struggle over Islam. *The Washington Post Online*, 17. März. http://www.washingtonpost.com/world/tunisia-faces-political-struggle-over-islam/2013/06/16/1000670a-cdef-11e2-8845-d970ccb04497_print.html. Zugegriffen: 14. Jan. 2014.

Duchêne, François. 1972. Europe's role in world peace. In *Europe tomorrow: Sixteen Europeans look ahead*, Hrsg. Richard Mayne, 31–47. London: Fontana.

Fukuyama, Francis. 1992. *The end of history and the last man*. New York: Free Press.

Gehlen, Martin. 2013. Mursis Gegner planen zweite Revolution. *ZeitOnline*, 28. Juni. http://www.zeit.de/politik/ausland/2013-06/aegypten-mursi-proteste. Zugegriffen: 18. Dez. 2013.

Gottwald, Marlene. 2012. Humanizing security? The EU's responsibility to protect in the Libyan crisis. FIIA Working Paper 75, April 2012, Helsinki.

Horst, Jakob. 2010. Rethinking the logic of EU democracy promotion in the Mediterranean. A critical view on modernization and spill-over assumptions [unveröffentlichtes Paper, World Congress of Middle Eastern Studies, Barcelona].

Horst, Jakob, Annette Jünemann, Florian Kühn, Eva-Maria Maggi, und Delf Rother. 2013. Logics of action in the Euro-Mediterranean political space. An introduction to the analytical framework. In *Euro-Med relations after the Arab Spring. Persistence in times of change*, Hrsg. Jakob Horst, Annette Jünemann, und Delf Rothe, 1–20. London: Ashgate.

HRW (Human Rights Watch). 2009. *Pushed back, pushed around. Italy's forced return of boat migrants and asylum seekers, Libya's mistreatment of migrants and asylum seekers*. New York: HRW.

Jünemann, Annette. 2002. From the bottom to the top. The role of transnational NGOs in the political transformation process of North African countries. *Democratization* 9 (1): 87–105.

A. Jünemann, J. Simon, *Der Arabische Frühling*, essentials,
DOI 10.1007/978-3-658-07020-5

Jünemann, Annette. 2003. The forum civil Euro-Med: Critical watchdog and intercultural mediator. In *A new Euro-Mediterranean cultural identity*, Hrsg. Stefania Panebianco, 84–107. London: Frank Cass.

Jünemann, Annette. 2009. Zwei Schritte vor, einer zurück: Die Entwicklung der europäischen Mittelmeerpolitik von den ersten Assoziierungsabkommen bis zur Gründung einer ‚Union für das Mittelmeer'. In *Der Mittelmeerraum als Region*, Hrsg. Rudolf Hrbek und Hartmut Marhold, 26–59. Tübingen: Helmut Schmidt Universitat.

Jünemann Annette, und Anja Zorob, Hrsg. 2013. *Arabellions. Zur Vielfalt von Protest und Revolte im Nahen Osten und Nordafrika*. Wiesbaden: Springer VS.

Kirste, Knut, und Hanns W. Maull. 1996. Zivilmacht und Rollentheorie. *Zeitschrift für Internationale Beziehungen* 2:283–312.

Koenig, Nicole. 2011. The EU and the Libyan crisis: In quest of coherence? Working Papers 11/19 2011. Rom: Istituto Affari Internazionali.

Krause, Johannes. 2009. *Die Grenzen Europas. Von der Geburt des Territorialstaates zum europäischen Grenzregime*. Frankfurt a. M.: Peter Lang.

Levy, Jack S. 1994. Learning and foreign policy: Sweeping a conceptual minefield. *International Organization* 48 (2): 279–312.

Manners, Ian. 2002. Normative power Europe: A contradiction in terms? *Journal of Common Market Studies* 40 (2): 235–258.

Markey, Patrick. 2013. Tunisia Islamists ready to hand over power, see spring election. http://www.reuters.com/article/2013/10/11/us-tunisia-crisis-idUSBRE99A0KP20131011. Zugegriffen: 14. Jan. 2014.

Müller, Harald. 2002. Antinomien des Demokratischen Friedens. *Politische Vierteljahresschrift* 43 (1): 46–81.

Nuscheler, Franz. 2010. Migraton als Konfliktquelle und internationales Ordnungsproblem. In *Friedens- und Konfliktforschung*. 5. Aufl. 273–286, Hrsg. Peter Imbusch und Ralf Zoll. Wiesbaden: Springer VS.

Pace, Michelle. 2005. EMP cultural initiatives: what political relevance? In *The Euro-Mediterranean partnership: Assessing the first decade*, Hrsg. Amirah Haizam Fernández und Richard Youngs, 59–70. Madrid: FRIDE.

Perthes, Volker. 2011. *Der Aufstand: Die arabische Revolution und ihr Folgen*. München: Pantheon.

Pradetto, August. 2011. Der andere Preis der Freiheit. Intervention in Libyen: zwischen Regimewechsel und humanitärem Anspruch. *Internationale Politik* 4:53–59.

Reuters. 2011. La France reconnaît le CNL comme représentant de la Libye, 10.03.2011. http://www.lexpress.fr/actualites/2/actualite/la-france-reconnait-le-cnl-comme-representant-de-la-libye_970758.html. Zugegriffen: 13. Jan. 2013.

Schumacher, Tobias. 2011. Wohlstand für Wenige. Die arabische Welt fordert mehr Partizipation und soziale Gerechtigkeit. *Internationale Politik* 66 (2): 30–35.

Seeberg, Peter. 2013. Learning to cope. The development of European Immigration policies concerning the Mediterranean caught between national and supra-national narratives. In *Euro-Mediterranean relations after the Arab Spring. Persistence in times of change*, Hrsg. Jakob Horst, Annette Jünemann, und Delf Rothe. London: Ashgate.

Tomasi di Lampedusa, Giuseppe. 1958. *Il Gattopardo*. Rom: Feltrini.

Van Munster, Rens. 2009. *Securitizing Immigration. The politics of risk in the EU*. London: Palgrave Macmillan.

Zorob, Anja. 2013. Der Zusammenbruch des autoritären Gesellschaftsvertrags. In *Arabellions. Zur Vielfalt von Protest und Revolte im Nahen Osten und Nordafrika*, Hrsg. Annette Jünemann und Anja Zorob, 229–256. Wiesbaden: Springer VS.

Dokumente

Ashton, Catherine. 2011a. Statement on the events in Egypt. A 032/11 (27. 01. 2011).

Ashton, Catherine. 2011b. Remarks on the situation in Egypt ahead of the Foreign Affairs Council, 31 January 2011. A 037/11 (31. 01. 2011).

Council of Europe. 2006. Alleged secret detentions in Council of Europe member states. AS/ Jur (2006) 03 rev (22. 01. 2006).

Council of the European Union. 2011. Council decision 2011/210/CFSP of 1 April 2011 on a European Union military operation in support of humanitarian assistance operations in response to the crisis situation in Libya (EU EUFOR Libya). Official Journal of the European Union, 5.4.2011, L89/17, Brussels.

European Commission. 2003. Communication from the commission to the council and the European parliament: Wider Europe – Neighbourhood: A new framework for relations with our Eastern and Southern Neighbours. 11.3.2003, Brussels.

Europäische Kommission. 2011. Gemeinsame Erklärung der Hohen Vertreterin der Europäischen Union für Außen- und Sicherheitspolitik und der Europäischen Kommission: Eine neue Antwort auf eine Nachbarschaft im Wandel. KOM (2011) 303 (25.05.2011).

European Commission. 2011a. A partnership for democracy and shared prosperity with the Southern Mediterranean. COM (2011) 200, Brussels (08.03.2011).

European Commission. 2011b. Action fiche for neighbourhood civil society facility 2011. http://ec.europa.eu/europeaid/documents/aap/2011/af_aap-spe_2011_enpi.pdf. Zugegriffen: 13. Juli 2013.

European Commission. 2012. The roots of democracy and sustainable development. Europe's engagement with civil society in external relations. COM (2012) 492, 02.09.2012, Brussels.

European Parliament. 2011a. European Parliament resolution of 3 February 2011 on the situation in Tunisia. P7_TA (2011) 0038 (03. 02. 2011).

European Parliament. 2011b. European parliament resolution of 17 February 2011 on the situation in Egypt. P7_TA (2011) 0064 (17. 02. 2011).

Frontex News. 2011. http://frontex.europa.eu/news/hermes-2011-starts-tomorrow-in-lampedusa-X4XZcr. Zugegriffen: 11. Jan. 2014.

Füle, Štefan. 2011. Füle European Commissioner for enlargement and neighbourhood policy statement on the situation in Tunisia. SPEECH/11/49 (26. 01. 2011).

Solana, Javier. 2008. Bericht über die Umsetzung der Europäischen Sicherheitsstrategie 2008 – Sicherheit schaffen in einer Welt im Wandel, 407–408 (11. 12. 2008). Brüssel.